AF296450

ÉTABLISSEMENT

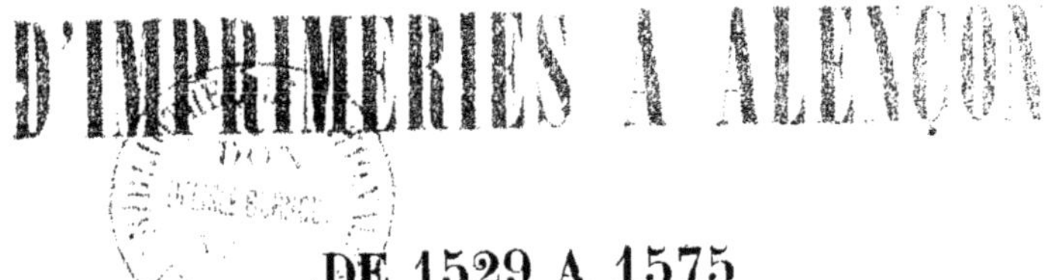

D'IMPRIMERIES A ALENÇON

DE 1529 A 1575

PAR

Mᵐᵉ GÉRASIME DESPIERRES

MEMBRE CORRESPONDANT DU COMITÉ DES SOCIÉTÉS DES BEAUX-ARTS,
OFFICIER D'ACADÉMIE

Vingt planches hors texte

Extrait du *Bulletin du Comité des travaux historiques et scientifiques.*
(Section d'histoire et de philologie, année 1893.)

PARIS
ERNEST LEROUX, ÉDITEUR
28, RUE BONAPARTE, 28

1894

ANGERS, IMP. A. BURDIN ET Cie, RUE GARNIER. 4.

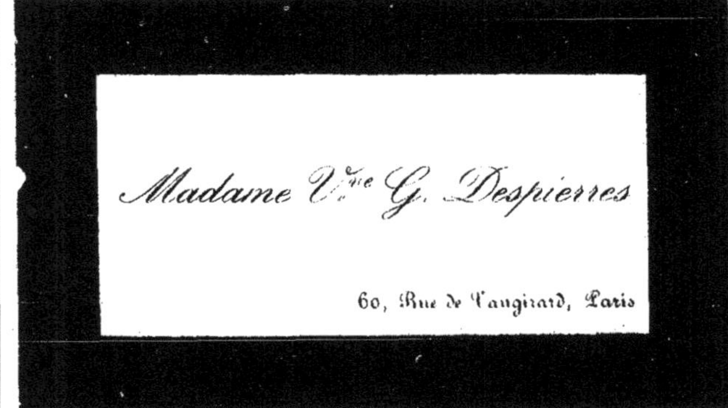

Madame Vᵛᵉ G. Despierres
60, Rue de Vaugirard, Paris

ÉTABLISSEMENT
D'IMPRIMERIES A ALENÇON

DE 1529 A 1575

ANGERS, IMP. A. BURDIN ET Cⁱᵉ, RUE GARNIER. 4.

ÉTABLISSEMENT

D'IMPRIMERIES A ALENÇON

DE 1529 A 1575

PAR

Mᵐᵉ Gérasime DESPIERRES

MEMBRE CORRESPONDANT DU COMITÉ DES SOCIÉTÉS DES BEAUX-ARTS,
OFFICIER D'ACADÉMIE

Vingt planches hors texte

Extrait du *Bulletin du Comité des travaux historiques et scientifiques.*
(Section d'histoire et de philologie, année 1893.)

PARIS
ERNEST LEROUX, ÉDITEUR
28, RUE BONAPARTE, 28

1894

PRÉFACE

La notice de *Mme Despierres*, composée presque en entier d'après les registres des notaires d'Alençon, nous fait connaître l'histoire de deux ateliers d'imprimeurs qui ont fonctionné à Alençon dans le cours du xvi° siècle, celui de Simon-Dubois, à partir de 1529, et celui de Joachim de Contrière, à partir de 1563.

Les actes cités dans le mémoire mettent bien en lumière la part qui revient aux protestants dans la fondation de ces deux imprimeries [1].

[1] Extrait du compte rendu de la séance tenue à la Sorbonne, le 6 avril 1893. Congrès des sociétés savantes.

ÉTABLISSEMENT

D'IMPRIMERIES A ALENÇON

DE 1529 A 1575

Communication de Mme Gérasime Despierres.

Nous n'avons, à cette session, que l'intention de faire connaître les documents relatifs à l'établissement de l'imprimerie à Alençon de 1529 à 1575.

Des libraires étaient établis dans celte ville antérieurement à cette date. Louis Gaumer, demeurant à Alençon, est l'un des libraires mentionnés à la fin d'un « Manuale ad usum sagiensem », imprimé en 1515, à Rouen, chez Martin Morin, et dont il existe un exemplaire dans la bibliothèque du grand séminaire de Séez.

Le 14 février 1521, « *Loys Gaulmier*, libraire, bourgeois d'Alençon, reçut de *Michau Lefort*, libraire, natif de la paroisse de Montigny [1] près d'Alençon, et de Mariette, sa femme, la somme de trente livres à cause de livraison de libvres de librairie. »

Le 19 octobre 1530, *Loys Gaulmier*, libraire, prenait comme apprenti pour un an *Jehan Girouard*, « fils de Guillaume Girouard, teinturier, pour luy apprendre son mestier de libraire. » (Tabell. d'Alençon.)

Louis Gaulmier fit construire, en 1535, une maison près le pont du

[1] Montigny, commune du département de la Sarthe, arrondissement de Mamers, canton de Fresnay-sur Chedouet.

Guichet [1]. Il fait marché avec « Guillaume Herisson, charpentier, de la paroisse de Saint-Pol-Le-Vicomte [2], pour luy fournir le boys d'une maison de la longueur de vingt-sept piedz 1/2 et de la largeur de vingt-cinq piedz. »

Louis Gaulmier était décédé avant le 21 juin 1554; à cette date, « *Richard Gaulmier*, libraire, demeurant à présent au Mans, fils de défFunct Loys Gaulmier, vend à Pierre Bonvoust et Suzanne Gervescaulx, sa femme, une portion de maison assise sur la grant rue d'Alençon et joignant l'allée du Gravier ... »

Il eut encore pour fils Guillaume Gaulmier, libraire à Alençon en 1562. Le 21 octobre 1562, « Guillaume Gaulmier, bourgeois d'Alençon, époux de Pasquière Hebert, vendit à Claude Guyon, et Ysabeau Gaulmier, sa femme, sœur dudit Guillaume, une pièce de terre. En présence de *Pierre Lasne*, libraire à Alençon. »

Claude Guyon était libraire à Alençon avant 1562. Le 25 novembre, Ysabeau Gaulmier, sa femme, lui donnait ce jour « une procuration pour la choisie des lots de deffuncte Robine Fresnel sa grand-mère. »

Pendant plus d'un demi-siècle, les Gaulmier ou Gaulnier ont donc été libraires à Alençon.

Le 29 avril 1533, *Jehan Lasne*, libraire, demeurant à Alençon, s'obligeait « de payer à Loys Gaulmier la somme de quinze livres pour et à cause de vendicion de denrées et marchandises de librairie. Es présence de Raulin Heurtault et Jehan Louvel. »

En 1543, le 16 juillet, « *Guillaume Lepaige*, libraire, louait de Pasquier Taulpin, marchand, bourgeois d'Alençon, une partie de maison sise en cette ville d'Alençon près la porte de la Barre. » Il avait épousé Jacquine Boullant. Le 6 juin 1556, ils habitaient la ville de Fougères en Bretagne et vendaient à Marc Boullant « la tierce partie d'une maison. »

Pierre Lasne, libraire, bourgeois d'Alençon, marié à Marthe Beuschet, achetait, le 17 février 1550, une maison située « sur la grant rue joignant d'un costé la rue de la Posterne..... » Elle lui fut vendue par Henri Lasne et Catherine Le Fevre sa femme. Pierre Lasne signait encore à Alençon un acte de 1565.

Tous les actes concernant ces libraires (car ils ne semblent pas avoir exercé d'autre profession) ne nous les ont jamais fait connaître comme imprimeurs.

Jusqu'à présent, aucun document de nature à démontrer d'une façon absolue que l'Imprimerie était établie à Alençon dès la première moitié du xvi° siècle, n'a été publié.

Il est vrai cependant que sur un « *Traité du summaire de toute médecine et cirurgie* par Jehan Goevrot médecin de François 1er et de Margue-

---

[1] Pont jeté sur la rivière de Brionte dans la Grande-Rue.
[2] Saint-Pol-le-Vicomte.

rite d'Angoulème, » édité en 1530 [1], et sur le *Miroir de lame pecheresse* de Marguerite d'Angoulème, édité en 1531 et en 1533, nous voyons figurer le nom de Simon Dubois le premier imprimeur connu, installé à Alençon. (Brunet, *Manuel du libraire*).

Si nous consultons le Dictionnaire de Lottin nous voyons un Simon Dubois, Imprimeur à Paris de 1525 à 1529, et nous trouvons à son actif, dans divers catalogues, les ouvrages suivants :

1525. — Novum testamentum gallice, ex versione Jacobi Fabri Stapulens. Parisiis apud Simonem du Boys 1525 (Panzer, *Annales typographiques*, t. VIII, p. 92, d'après Mettairie). — Le seul exemplaire connu est à la Bibliothèque de Genève, n° 806 B. b.

M. A. L. Herminjard signale, reliés à la suite du Nouveau Testament, trois traités d'Erasme qui sortent également des presses de Simon Dubois ce sont :

Déclaration des louanges du mariage ; — Brefve admonition de la manière de prier ; — Le Symbole des Apostres et la complainte de la paix [2].

Les Épistres et Évangiles pour les cinquante deux semaines de l'année de Le Fevre d'Etaples parurent aussi en 1525 [3].

1525. — Traitez singuliers contenus au présent opuscule. — Les trois comptes intitulez de Cupido et de Atropos dont le premier fut inventé par Séraphin poete Italien. — Le second et tiers de linvention de maistre Jehan Le Maire, et a este cet œuvre fondée affin de retirer les gens de folles amours. — Les epitaphes de Hector et Achilles, avec le jugement de Alexandre Le Grand, composees par Georges Chaplain dit laventurier. — Le temple de Mars fait et composé par J. Molinet. — Plusieurs chants royaulx | Balades | Rondeaux et epistres composees par feu de bonne memoire Maistre Guillaume Cretin, nagueres chantre de la Saincte Cha-

---

[1] Il nous a été impossible de découvrir un exemplaire de ce traité provenant des presses de Simon Dubois. M. A. Claudin à bien voulu nous prêter un de ces ouvrages rares; son exemplaire est sans lieu ni date. Il porte, il est vrai, la main indicatrice employée quelquefois par Simon Dubois, mais quelques lettres diffèrent de celles que notre imprimeur mettait dans ses autres livres : on ne peut donc pas lui attribuer ce volume.

[2] *Bull. hist. et litt. de la Société de l'Histoire du protestantisme français*, n° 9, année 1888.

[3] M. N. Weiss, dans son intéressant travail sur la littérature de la réforme française qu'il publie dans le *Bull. hist. et litt. de la Société de l'Histoire du protestantisme français*, cite ces épistres et évangiles. Nous ferons à cet auteur divers emprunts que nous signalerons; mais nous tenons ici à remercier M. Weiss de l'extrême obligeance qu'il a eue pour nous au cours des recherches que nous avons faites à la bibliothèque protestante; nous lui savons gré également d'avoir mis à notre disposition six clichés des planches qu'il avait reproduites dans son *Bulletin*.

ppelle du palais. — Lapparition du feu Marechal de Chabânes faicte et composee par le dit Cretin.

Il se vend a Paris en la grant salle du palais en la boutique de Galliot du pré. — Avec privilege du 8 février 1525. Bibliothèque de l'Arsenal. Le recueil de la Bibliothèque Nationale, cote Ye 1256 réserve, est incomplet à partir des cahiers Li. (Pl. I, II.)

1527. — *Notables enseignemens, adages et proverbes* faitz et composez par Pierre Gringoire dit Vauldemont herault d'armes de hault et puissant seigneur Monsieur le duc de Lorraine, nouvellement imprimez à Paris avec privilège du roy notre sire. — On les vend en la grant salle du pallais au premier pillier, en la boutique de Galliot Du Pré marchant libraire juré de luniversité. — A la fin du livre : (pl. IV) « Nouvellement imprimez à Paris p. maistre Simon Du Boys, et furent achevez d'imprimer le premier jour du mois de febvrier lan de grace mil cinq cens vingt et sept ». Petit in-8° goth. de 68 ff. (Bibliothèque Nationale, cote Ye, 1328 réserve). (Pl. III, IV.)

L'impression du titre seulement est faite aux encres rouge et noire. Au verso du second feuillet est une gravure sur bois avec la Croix de Lorraine à droite. Elle représente Gringoire offrant son livre au roi, assis. Dans le fond, un jardin avec une ruche et des abeilles voltigeant autour.

1527. — Seneque. Les motz dorez des quatre vertus cardinales composé par maistre Claude de Seissel.

Imprimé à Paris par Simon Dubois pour la veufve de Antoine Vérard le 20 avril 1527. Petit in-8° goth. (Brunet, *Manuel du libraire*, v. 281).

1527. — Chantz royaulx, oraisons et autres petitz traitez faitz et composez par feu de bonne memoire Maistre Guillaume Cretin en son vivant chantre de la Saincte Chappelle royale à Paris et trésorier du bois de Vincennes.

Avec privilege. (Pl. V, fin du volume.)

On les vend à Paris en la grant salle du pallais au premier pillier en la boutique de Galliot Dupré, marchand libraire juré de luniversité. — Le titre seulement est imprimé aux encres rouge et noire; nous avons souligné tous les mots imprimés en rouge. In-8° goth de 188 ff. non compris 8 f. préliminaires.

Les chants royaulx, oraisons et autres petits traités se trouvent reliés avec les *Traitez singuliers* dont nous avons parlé plus haut et portent le même n° d'inventaire à la Bibliothèque Nationale (Ye 1256). Sur le feuillet qui suit le privilège nous avons relevé la table des traités contenus dans le volume des chants royaulx; elle est ainsi conçue :

Premièrement | chants royaulx | ballades | et rondeaulx au feuillet premier ii-iii à xvii.

Orayson à Nostre dame de Lorette, f. xviii.
Orayson sur la salutation angélique, f. xviii.
Orayson à Saincte Geneviève, f. xxvi.

Déploration sur le trespas de feu Dhergan, trésorier de Sainct Martin de Tours, f. xxvII.

Complaincte sur le trespas du feu viconte de Falaise, f. xxxvi.

Le débat des deux dames sur le passetemps des chiens et oyseaulx, f. L.

L'apparition du feu mareschal de Chabannes, f. Lxxix.

Le plaidoye de l'amant doloreux, f. cv.

Le pastoral sur la nativité de monseigneur le Dauphin, f. cxi.

Invective contre les gens d'armes français, f. cxx.

Epistre au roy Charles huytiesme, f. cxxvi.

Epistre au roi Louis douzième, f. cxxix.

Epistre au duc de Valoys à présent roy, f. cxxx.

Troys épistres au roy François, f. cxxxii.

Epistre à la royne de Navarre au nom de la royne d'Angleterre, f. cxxxvi.

Epistre aux Bourguignons et Flamengs, f. cxlii.

Epistre à feu monsieur l'admiral, f. cxlv.

Deux epistres a Jacques de Bigne, f. cxlvi.

Epistre à maistre Macé de Villebresme, f. cxlix.

Deux epistres à Honorat de la Jaille, f. cliii.

Quatre epistres à maistre François Charbonnier, vicomte d'Arques, f. clvii.

Epistre à Christofle de Refuge, f. clxxi.

Epistre à une dame de Lion, f. clxxii.

Epistre à Monseigneur l'évesque de Glandesves, f. clxxv.

Deux epistres à Jehan Martin Célestin, f. clxxvii.

Epistre à la contesse de Dampmartin, f. clxxxiii.

Translation du chant de misere, f. clxxxvi.

Invective contre la mort, f. clxxxvii et se termine au f. 188.

Les chantz royaulx sont précédés d'une dédicace à « tres hault et | tres puissante princesse | et dame la royne de Navarre | duchesse de Berry D'alençon | et comtesse Darmegnac, et du Perche | honneur | joye | sante | et longue prospérité, par son très humble et obeissant et ancien serviteur François Charbonnier.

1527. — Rondeaulx en nombre trois cent cinquante, singuliers et à tous propos composés par Pierre Gringoire.

Nouvellement imprimez à Paris....., à la fin : « Imprime à Paris par Maistre Simon du bois pour Galliot du pré le vingtième jour de may mil cinq cens vingt et sept. » Petit in-8° goth. de 8 et CXij ff. (Brunet, 1328, *Manuel du libraire*).

1527. — Hore in laudem beatissime Virginis Marie, secundum consuetudinem Ecclesio Parisiensis. Venales habentur Parrhisiis | apud Magistrum Gotafredum Torinum Biturigicum : sub insigni Vasis effracti : Gallico sermone. Au pot cassé. (Pl. VI, VII.)

Ces Heures de la Vierge à l'usage de Paris sont précédées d'un almanach ou table des pâques pour les années (1528 à 1548). Un calendrier pour les douze mois de l'an y fait suite.

L'éloge des Heures que Geoffroy Tory, peintre, graveur, etc., fit imprimer par Simon Dubois en 1527 n'est plus à faire. On y voit vingt-six encadrements composés dans le goût dit à la moderne. Les cadres sont des arabesques formées de plantes, d'insectes, d'oiseaux, d'animaux..... Dans le bas des feuilles l'F couronné de François Ier et la salamandre, L couronné de Louise de Savoie, ses armes, sa cordelière de veuve. L'H et l'M de Henry d'Albret et de Marguerite d'Angoulême. Treize grands sujets au trait sont intercalés dans le texte. Il est difficile, dit Auguste Bernard, de pousser plus loin l'amour de l'harmonie artistique (Pl. VIII, IX.)

Ces Heures magnifiques sont conservées à la Bibliothèque Nationale, cote B 2942, réserve.

La souscription finale est ainsi conçue : « Ces présentes Heures à l'usage de Paris... furent achevées d'imprimer le vingt deuxiesme jour d'octobre mil cinq cens vingt sept, par maistre Simon du Bois, imprimeur, pour maistre Geofroy Tori de Bourges. » (Pl. X.)

1527. — Hore secundum ritum Ecclesiæ Romanæ. Impresse Parisiis arte magistri Symonis Sylviis impressoris ere ac impendia honesti viri Patri Roffet 1527. — Sequuntur suffragia plurimorum sanctorum et sanctarum.

Ces deux ouvrages reliés en un seul volume (petit in-8° goth.) se trouvent désignés dans le catalogue n° 28 de l'année 1891, librairie Techener.

1528. — Rhazes de ratione curandi pestilentiam e Græco in latinum versus per Georgium Wallam. — Item Alexander Benedictus Veron de Pestilenti Febri 1528, in-4 goth. — D'après une note inédite de Mercier de Saint-Léger, qui nous a été communiquée par M. A. Claudin[1].

1528. — La théorique des cielz | mouvemens | et termes practiques des sept planetes | nouvellement et tres clerement redigee en langaige françois. Avec les figures très utiles en leurs lieux proprement insérées. — Cum privilegio. — A Paris, M,D,XXVIII, in-fol. de XLV feuillets chiff. caract. goth. avec figures sur bois, livre très rare. (Pl. XI.)

Simon Dubois demeurait alors rue Judas (entre la rue de la Montagne Sainte-Geneviève et la rue des Carmes). Il imprima la Théorique des cielz de Oronce Fine, pour Jehan Pierre de Tours, marchand, demeurant au cloistre Saint-Benoît, le 8 aout 1528. Exemplaire imprimé tout en noir. De nombreuses planches représentant les planètes sont intercalées dans le texte.

Il est conservé à la Bibliothèque Nationale, cote V 207 réserve. (Pl. XII.)

1528. — Le traité de la Sphère : translate de latin en français par Maistre Nicole Oresme | très docte et renommé philosophe | . On les vend à Paris | en la rue Judas | chez Maistre Simon Dubois, imprimeur, in-4° goth. Le 104ᵉ catalogue mensuel des livres d'occasion de M. Baillieu (43, quai des Grands-Augustins), où figure ce titre nous apprend qu'à l'époque de la publication de ce livre, orné de planches, il avait été collé sur le titre une Sphère avec cette indication : « On les vend à Paris | en la rue Saint-

---

[1] M. A. Claudin, dont chacun apprécie la rare érudition, nous a donné plusieurs titres d'ouvrages imprimés par Simon Dubois, ainsi que des notes de Mercier de Saint Léger sur ces livres peu connus.

Jacques à l'imaige de lhomme sauvaige. » En 1530 l'enseigne de l'homme
sauvage était celle de Nicolas Savetier, imprimeur, rue des Carmes, dont
on a conservé un « Summaire très singulier de toute chirurgie de Jehan
Gœvrot » Bibliothèque Mazarine, n° 24048 réserve.

1529. — Le livre de vraye et parfaicte oraison. Imprimé à Paris par
Maistre Simon Dubois pour Chrestien Wechelz, libraire juré de l'univer-
sité de Paris, demeurant en la rue Saint-Jacques à l'enseigne de l'escu
de Basle mil cinq cens XXIX au mois de apvril, in-8°, goth. imprimé en
rouge et noir. La lettre majuscule qui commence la planche XIV se retrouve dans la *Théorique des cielz* et dans les *Quatre instructions aux
simples et aux rudes*. La date de l'impression se trouve sur la dernière
page de l'ouvrage.(Pl. XIII, XIV.)

Plusieurs exemplaires du livre de *Vraye et parfaicte Oraison* sont connus [1].

1530. — Le summaire de toute médecine et chirurgie contenant les
remèdes les plus spéciaux et expérimentés de toutes maladies survenants
quotidiennement au corps humain nonseulement nécessaire aux méde-
cins et chirurgiens, mais a toutes gens de quelqu'état et vocation qu'ils
soient, tant pauvres que riches. Par Jehan Gœvrot, médecin du roy tres
chrestien François Ier de ce nom et de Madame Marguerite d'Angoulême.
Alençon, chez Simon Dubois, in-16 ou petit in-8° de 88 feuillets goth.

Édition citée dans le Manuel de Frère, t. II, p. 34.

Ce traité est suivi « dung regime singulier contre la peste, composé
par Maistre Nicolas de Houssemaine aussi médecin en luniversité d'An-
giers. »

1531. — Le miroir de lame pecheresse auquel elle recongnoit ses faultes
et pechez aussi les graces et beneficez a elle faitz par Jesus-Christ son
époux. — La Marguerite très noble et précieuse s'est préposée a ceulx
qui de bon cueur la cerchoient. A Alençon, chez Maistre Simon Dubois
M.D.XXXI. Bibliothèque Nationale, cote 204-205 réserve, in-4° goth. de
61 feuillets non chiffrés, impression toute en noir. (Pl. XIX.)

1533. — Dialogue en forme de vision nocturne entre très noble et ex-
cellente princesse ma dame Marguerite de France | sœur unique du roy
nostre sire | p. la grâce de Dieu Royne de Navarre | duchesse Dalençon
et Berry | et lame saincte de defuncte ma dame Charlotte de France | fille
aysnée du dit sieur | et niepce de la dite dame Royne, suivi du *Miroir de
lame pecheresse* cité précédemment... Discord estant en lhomme par la
contraincte de l'esprit et de la chair et sa paix par vie spirituelle.

Une oraison a Nostre Seigneur Jesus Christ. (Pl. XX.)

A Alençon | chez Maistre Simon Dubois. Mil cinq cens trente et trois.
(Bibliothèque Mazarine, n° 21662, réserve).

---

[1] *Société de l'Histoire du protestantisme français; Bull. historique et litt.*,
n° 3, 1888. *Notes sur les traités de Luther, traduits en français et imprimés en
France de 1525 à 1534*, par M. Weiss.

Ces deux opuscules reliés en un seul volume ont dû être vendus séparément au moment de leur publication qui n'était pour le *Miroir de l'ame pécheresse* qu'une deuxième édition.

Nous croyons devoir placer à la suite des ouvrages avec date imprimés par Simon Dubois ceux qui sortent assurément de ses presses, mais qui n'ont ni lieu, ni date. Ils sont, comme les précédents, imprimés soit en noir, soit en rouge et noir, mais ceci ne suffit pas pour en déterminer la date.

Nous avons vu que si les premiers livres de Dubois étaient aux encres noires, le *Miroir de l'âme pécheresse*, imprimé en 1531 et 1533, y était également. Nous laissons aux chercheurs le soin de découvrir la date exacte des publications suivantes.

S. L. N. D. — Consolations chrestiennes | contre les afflitions de ce monde | et scrupules de conscience... suivi d'un Almanach spiri || tuel et perpetuel || necessaire a tout || homme sen || suel et tem || porel, imprimés tous les deux avec les mêmes caractères [1]. Petit in-8° goth. en noir, à la Bibliothèque protestante de Paris. (Pl. XVII, XVIII.)

S. L. N. D. — Quatre instructions fidèles pour les simples | et les rudes. — La premiere. L'homme fidele | visitant. — La seconde. L'homme fidele | catechisant. La tierce. — L'homme fidele | introduisant a levangile. La quarte. — L'homme fidele psalmodiant..... Petit in-8° goth. aux encres rouge et noire. Un exemplaire se trouve au British Museum, cote 622 *a*, 51 ; un autre appartient à M. Gaiffe [2]. (Pl. XV, XVI.)

S. L. N. D. — Le livre des psalmes ; une vignette embrasse toute la page et represente l'ange secourant Jésus et les trois apôtres endormis ; au bas est écrit : Miséricorde environnera celuy qui espere | au Seigneur Dieu. Petit in-8° goth. aux deux encres rouge et noire (Bibliothèque Mazarine, cote 34874, réserve et Bibliothèque de M. Gaiffe).

M. Douen a ainsi décrit ce livre d'après l'exemplaire de M. O. Douen [3] : « au verso du titre, un tableau des dates du Carême, Pâques, de l'Avent... pour les années 1532 à 1540 [4]. La vignette servant de titre a son analogue dans le livre de *Vraye et parfaicte oraison* ; la lettre ornée par laquelle débute la préface [5] se retrouve dans les *Quatre instructions fidèles pour les simples et les rudes*. Les deux mains indicatrices figurent aussi au titre d'un livre appartenant à la même famille [6], enfin le caractère go-

---

[1] *Ibid., Bull. hist. et litt.*, n° 12, 1887.

[2] *Bull. hist. et litt.*, n° 8, 1888.

[3] *Société de l'histoire du protestantisme français, Bull. hist. et litt.*, n° 2, 1893.

[4] Ces dates de 1532 à 1540 permettent de supposer que le Psautier fut imprimé à Alençon de 1532 à 1534 par Simon Dubois qui, nous le savons, imprima à Alençon le *Miroir de l'âme pécheresse*, 1531 et 1533.

[5] L'exemplaire de la Bibliothèque Mazarine n'a point de préface.

[6] Dans plusieurs ouvrages imprimés par Simon Dubois, conservés aux Bibliothèques nationale, Mazarine, etc., les mains indicatrices, les feuilles jetée

thique employé est celui de la *Consolation chrestienne* ; des *Quatre instructions fidèles* ; des *Épistres et Évangiles* et du *Nouveau testament* imprimé en octobre 1525, par Simon Dubois.... »

Nous croyons comme M. Douen que le *Psautier* attribué par lui à Pierre Caroli [1] et dont nous avons vu un exemplaire à la Bibliothèque Mazarine, est bien sorti des presses de Simon Dubois, quoique la date et la provenance de ces ouvrages ne soient mentionnées nulle part.

Simon Dubois, imprimeur à Paris, serait-il venu se fixer à Alençon ? Nous l'affirmons et nous ajoutons que s'il ne conserva pas un établissement à Paris, il imprima dans notre ville : *Le livre des Quatre instructions fidèles*... peut-être même, *Les Consolations chrestiennes* ainsi que le *Psautier* ou livre des *Psalmes* cités plus haut.

On sait que si bon nombre de libraires étaient imprimeurs au xvie siècle, beaucoup aussi faisaient mettre leurs noms sur les ouvrages dont ils commandaient l'impression ; de là pourraient survenir des confusions regrettables pour l'histoire, confusions quelquefois faciles à faire, surtout quand sur un titre d'ouvrage on y lit simplement : « Chez Maistre Simon Dubois à Alençon. »

Or à la Bibliothèque Nationale par exemple nous trouvons reliés en un seul volume le « *Miroir de l'âme pécheresse* et la *Description des merveilles du monde*, par Jehan Parmentier. » Sur la première page, qui se rapporte uniquement à l'œuvre de Marguerite d'Angoulême est imprimé : « chez Maistre Simon Dubois à Alençon 1531, » et, à la fin du volume qui n'intéresse que le deuxième travail ; « Imprimé à Paris en la rue de Sorbonne, le 7e jour de janvier 1531 ; » au-dessous la marque de Gérard Morrhy Deschamps, libraire à Paris de 1530 à 1532 [2]. On serait tenté de croire que Simon Dubois était seulement libraire.

Nous savons déjà, par la liste des ouvrages cités plus haut, que Simon

se retrouvent soit au titre, soit au commencement des lignes ou à la fin du livre. Il est vrai que certains de ces signes furent employés par d'autres imprimeurs, mais quand on trouve dans une édition sans lieu ni date les mêmes signes, les mêmes lettres, et les mêmes majuscules, il n'y a plus d'hésitation possible.

[1] Pierre Caroli, docteur en théologie, curé de Notre-Dame d'Alençon, donnait à bail le 5 juillet 1530 à « maistres Gilles Sereze et Jehan Le Richomme prestres toutes les charges, en quoi le dit curé estait tenu à l'esgard de l'Esglise ou chappelle de Monsieur Saint-Léonard et tout ainsi que Jacques Couppé par cy-devant et de naguère chappelain ou vicaire sous le dit sieur curé en avait esté tenu sans aulcune chose en réserver. Le bail fait pour un an et demy commençant de suite et pour la somme de soixante livres tournois ». (Tabell. d'Alençon.)

[2] Les majuscules seules diffèrent ; les autres lettres, les feuilles jetées sont de mêmes dimensions et de même forme que celles du *Miroir de l'âme pécheresse* qui précède la *Description des Merveilles du monde*...... Nous n'avons point encore trouvé la marque de Simon Dubois.

2

Dubois était imprimeur à Paris ; et nous verrons, par la suite, combien on serait peu autorisé à ne le considérer que comme libraire à Alençon.

Poulet-Malassis, dans l'*Annuaire des bibliophiles* (1861), s'exprime ainsi en parlant du recueil de poésies de Marguerite d'Angoulème . « Ce recueil, un des deux volumes connus sortis de l'imprimerie de Marguerite de Navarre, dirigée à Alençon par Simon Dubois, ainsi qu'il est permis de le conjecturer d'après ce fait, que les presses de ce typographe n'ont pas produit d'autres ouvrages que les poésies de la princesse sa protectrice et un livre de Jehan Gouevrot, médecin du Roi et de la Reine de Navarre ; ce recueil, disons-nous, est aussi mentionné en partie dans Brunet, 2° édition du *Manuel du libraire*, article MARGUERITE. »

Il est probable que si la reine de Navarre avait pris Simon Dubois pour diriger son « imprimerie particulière », elle ne l'eût pas laissé manquer d'argent et aurait pourvu à tous ses besoins, mais dans aucun acte à notre connaissance, concernant Simon Dubois, il n'est fait mention de la duchesse d'Alençon.

Dès 1529, Simon Dubois était suffisamment établi à Alençon pour prendre un apprenti, comme nous le montre le document suivant :

« Devant les tabellions d'Alençon, le 13 octobre 1529, furent présents Denis Le Mesle par cy-devant serviteur de Maistre Estienne Lecourt, prestre curé de Condé [1] lequel s'est alloué et mis avecques honneste

---

[1] Estienne Lecourt, curé de Condé-sur-Sarthe, arrondissement d'Alençon, fut brûlé comme hérétique à Rouen, le 11 décembre 1533. Ses procès furent nombreux. Dès 1530, il était poursuivi pour avoir prêché contre l'Église romaine en faisant connaître à ses paroissiens le Nouveau Testament qui venait d'être traduit par Le Fevre d'Etaples, et imprimé par Simon Dubois. C'est lors de ce procès sans doute, qu'il dut renoncer à l'office d'administrateur de l'Hôtel-Dieu de Mortagne (Orne). Un acte notarié relate ainsi cette renonciation : « Le 5 septembre 1530, maistre Estienne Lecourt, prestre, curé de Condé-sur-Sarthe, renonce par ces presentes au profit de, vénérable et discrète personne, maistre Gervais Bazen prestre, c'est assçavoir a tout et tel droit qu'il pouvait avoir et luy appartenir à l'office d'administrateur de l'Hostel-Dieu de Mortaigne, et que par le vouloir et commandement de la Royne de Navarre, duchesse d'Alençon, luy avait esté octroyé et baillé par les habitants de Mortaigne, selon la teneur de l'instance des dits bourgeois, du 9 novembre 1528... et ce a esté faict moyennant et obéissant ledit Lécourt au vouloir et commandement de la dicte dame à luy faict et escript... moyennant que tous et chacun des meubles biens qu'il peut avoir en ycelui Hostel-Dieu depuis son installation luy seront rendus restitués selon qu'il en vérifiera... Présence de Charles Torcy, escuier, sieur des Marres et de Pasquier Gaucher. » (Tabell. d'Alen.).

Le 11 juillet 1532, « messire Léonard Le Peltier, prestre et honneste homme Denis Lecourt, licencié es loix, demeurant à Mortaigne, plegèrent maistre Estienne Lecourt, curé de Condé-sur Sarthe, pour une dolléance insérée à l'Echiquier d'Alençon, sur Pierre Dumesnil, escuier, lieutenant à l'encontre de maistre Pierre Gouevrot... » (Tabell. d'Alençon).

homme, Maistre Symon Duboys, imprimeur, à présent demeurant à Alençon, pour luy monstrer estat de imprimerie le temps de troys ans pendant lequel temps le dit Duboys promet et s'oblige monstrer le dit estat au dit Le Mesle au mieulx quy luy sera possible; le loger, nourrir, coucher... Es présence de Pierre Dumesnil, escuier, *sieur du Pey, et Guillaume Rouillon tesmoins* [1]. »

Les tabellions ne lui reconnaissaient donc pas plus le droit de cité qu'ils ne lui octroyaient le titre de bourgeois ; quoi qu'il en soit, cet engagement démontre nettement qu'un imprimeur de ce nom était établi à Alençon.

La création d'un établissement de ce genre devait être pour lui fort dispendieuse car, le 19 janvier 1529, Simon Dubois *imprimeur demeurant à Alençon* reconnaissait devant les tabellions de cette ville « devoir à Maistre Guillaume Le Coustellier [2] sieur de Saye, la somme de cent neuf livres neuf sols tournois, à cause de loyal prest qu'il confesse luy avoir esté faict par le dit sieur de Saye, à son *grand besoin et nécessité.*

Lequel Duboys s'est tenu, corps et biens, luy païer cette somme toute fois et quant le dit Le Coustellier le jugera... Présence de Adam Martel prestre curé. » (Tabell. d'Alençon).

Au mois d'avril suivant c'est « la dame d'Avoise » [3] qui cautionne Simon Dubois et arrête les poursuites que Le Coustellier voulait diriger contre lui; ce dernier n'avait-il plus confiance dans une pareille entreprise, ou les idées de Simon Dubois n'étaient-elles pas en rapport avec celles de Le Coustellier? l'acte suivant ne nous renseigne pas à cet égard.

« Comme Maistre Simon Duboys, *imprimeur à Alençon,* avait gagé de son gré devant les tabellions d'Alençon payer et rendre à Guillaume Le Coustellier, sieur de Saye, cent neuf livres neuf sols tournois à cause de pur et loyal prest à son grand besoin et nécessité; aujourd'hui, pour le reste montant à quatre vingt troys livres neuf sols, le dit Le Coustellier entend uzer de ses droits à l'encontre du dit Duboys lequel s'était engagé corps et biens; faisons scavoir que devant nous fut présente Jehanne d'Avoise dame du lieu, laquelle voulant supporter le dit Symon Duboys et voulant faire cesser les poursuites, s'engage à payer au dit Le Coustellier la somme encore due... Faict au lieu d'Avoise le 15 apvril 1529 en présence de Martin Hourdebourg et Laurent Argentelle. »

Nous ne savons dans quel quartier de la ville Simon Dubois installa son imprimerie en 1529; le 14 décembre 1531 « Noble Jacques de Montigny [4] sieur du lieu baille à titre de ferme et à prix d'argent, à Maistre Sy-

---

[1] Étude de M. Cohu, notaire a Alençon.

[2] Guillaume Le Coustellier, sieur de Saye, secrétaire, greffier des Conseils, avait épousé Guyonne Loret (Tabell. d'Alenç. 11 janvier 1520).

[3] Jeanne d'Avoise, veuve de Cleriadus de Saint Morre, demeurait au château d'Avoise, commune de Radon, arrondissement d'Alençon.

[4] Jacques Piloys, sieur de Montigny, capitaine au château d'Alençon, avait épousé Marie de Fredet (Tabell. d'Alençon).

mon Duboys, imprimeur, les maisons appartenant au dit sieur de Montigny assises en ceste ville d'Alençon entre les rues du Jeudy et de la
Personne, se réservant seulement le dit de Montigny la petite maison
qui joint Jehan Blondel, ainsi qu'une sortie sur la rue du Jeudy. Le dict
bail faict pour payer annuellement la somme de seize livres dix sols... »

La première imprimerie fondée à Alençon par Simon Dubois fut donc
située entre les rues du Jeudi et de la Personne (aujourd'hui rue du Bercail) dans une des maisons de la rue du Jeudi faisant face à la Place du
Palais.

Nous avons donc maintenant la certitude qu'en 1529 l'imprimerie était
établie à Alençon par Simon Dubois imprimeur venu de Paris.

Il y imprima encore en 1533 une édition du *Miroir de l'âme pécheresse*
précédé d'un dialogue en forme de vision nocturne. C'est là le dernier
renseignement que nous ayons recueilli sur lui.

Nous ignorons combien de temps il resta à Alençon après cette date
1533); le nom de Simon Dubois ne figure plus, à notre connaissance,
dans aucun acte ou sur aucun livre.

Nous voyons seulement à Paris, en 1534, son nom sur la liste des cinquante et un suspects « Adjournez à troys briefz jours à peine de ban-
nissement » à la suite de l'émotion provoquée par des placards séditieux [1]

Simon Dubois n'aurait-il point été, comme tant d'autres à cette époque,
brulé comme hérétique ? [2].

Ne le trouvons-nous pas en effet : 1° imprimant les livres qui devaient

---

[1] Nous lisons dans le *Journal d'un bourgeois de Paris de ce qui s'est passé
sous François Ier*, page 441. « En l'année 1534 vers le 24 octobre, furent affichés
par les hérétiques des placards contre le Saint Sacrement de l'autel et l'honneur des saints, ce qu'entendu par la cour, fut sonné par deux trompettes,
et crié aux palais sur la table de marbre, que s'il y avait personne qui scut
enseigner celuy ou ceulx qui avaient fiché les dits placards en révélant en
certitude, il leur serait donné cent escus par la cour.

« Le jeudy et le dimanche suivant, furent faites des processions générales
ou fut porté le Corpus Domini.... »

Sur la liste donnée des cinquante et un suspects nous relevons en dehors
du nom de Simon Dubois, imprimeur, ceux de *maistre Pierre Caroli*, ancien
curé de Notre-Dame d'Alençon et de *François Ledevyn, orpheuvre*. Un François Ledevyn, orphèvre, fils de Cardin Ledevyn et de Jacquine Legrand, était
d'Alençon (l'abell. d'Alençon). Cette liste, qui se trouve à la Bibliothèque nationale n° 23289 f. fr. et à la Bibliothèque de Soissons, a été publiée dans la
France protestante (2me édition, t. V, p. 880), de Eugène et Emile Haag.

[2] Dans le *Journal d'un bourgeois de Paris, relatant ce qui s'est passé sous
le règne de François Ier*, p. 442 on lit : « Le troisième qui fût brûlé après les
placards, fut un imprimeur de la rue Saint Jacques qui avait vendu et imprimé
les livres de Luther. Et pour ce par sentence confirmée par arrêt, il fit amende
honorable devant l'église Notre-Dame (de Paris), de là mené bruler tout vif
en la place Maubert. »

répandre en France les idées de la Réforme[1] ; 2° prenant comme apprenti
à Alençon, Denis Lemesle, ancien domestique d'Estienne Lecourt, curé
de Condé-sur-Sarthe, brûlé à Rouen, comme hérétique, le 11 décembre
1533; 3° quand Guillaume Le Coustellier lui retira, le 15 avril 1529,
l'argent qu'il lui avait prêté pour son établissement, ne le voyons-
nous pas encore cautionné par Jehanne d'Avoise poursuivie ainsi que
son domestique et plusieurs autres habitants d'Alençon, en 1534,
comme partisans des doctrines nouvelles et condamnés comme blasphé-
mateurs[2]?

De cet ensemble de faits si concordants entre eux et dont l'interpréta-
tion ne nous échappera pas, il résulte que Simon Dubois, dont nous per-
dons la trace fut sans doute comme son confrère Étienne Dolet (s'il n'alla
point chercher son salut dans l'émigration) : un partisan des idées de la
Réforme et un martyr de sa foi.

La signature de Simon Dubois se voit au bas de plusieurs actes passés
devant les notaires d'Alençon.

Il faut laisser écouler un certain laps de temps avant de retrouver con-
signé dans les minutes des notaires d'Alençon le plus petit renseignement sur l'imprimerie qui fut sans doute délaissée pendant plusieurs années dans notre ville. Ce n'est qu'en 1563 que les protestants, alors très
nombreux à Alençon, songèrent à rétablir cette branche de travail indus-
triel; à cet effet, « le 25 février 1563, Maistre Guillaume Bidard ministre
de l'Église Reformée d'Alençon[3], Maistre Pierre Perdriel[4], Maistre Lu-

---

[1] Simon Dubois publia en 1525 la dernière édition du *Nouveau Testament*
de Le Fevre d'Etaples; en 1529, pour Chrestien Wechelz (il demeurait a
l'*Écu de Basle* en la rue Saint Jasques). Le *livre de Vraye et parfaicte oraison.*
On retrouve chez Louis de Berquin, brûlé à Paris en 1529, l'original d'un
des trois traités de ce livre dont le privilège était du 17 juin 1528 (*Soc.
de l'hist. du protestantisme français, Bull. hist. et litt.*, 1888, article de
M. Weiss.

[2] D'un document conservé aux Archives Nationales, et publié par M. Paul
Guérin, dans le *Bull. hist. et litt. du protestantisme français*, année 1884, il
résulte que quarante alençonnois furent poursuivis en 1534; nous croyons
devoir donner, en publiant cette liste, quelques détails sur eux dans un appen-
dice faisant suite à ce travail.

[3] Le contrat de mariage de Guillaume Bidard, l'un des ministres de la re-
ligion réformée d'Alençon, avec Magdelaine Barbier est du 22 février 1561. Le
futur était assisté de maistre François Pouisson et Jehan Bompart, ministres
en la dite église, Robert Caiget, licencié es loix, Jehan Dumesnil, sieur du
Pey, Nicolas Barbier... (Tabell. d'Alençon).

[4] Maitre Pierre Perdriel, escuier, sieur de Massillay, lieutenant de monseigneur le vicomte d'Alençon, avait épousé Jeanne Thouars.

cas Caiget[1], Noël Bahuet [2], Nicolas Le Vasseur[3], Collas Caiget[4], cautionnèrent, Maistre Joachim des Constrières, imprimeur, pour une somme de cent livres moyennant dix livres de rente à la demoiselle de Bois Gérard[5], et cent cinquante livres moyennant quinze livres de rente à la veufve et enfants de Jacques Badouère[6]. Cette somme de deux cent cinquante livres pour l'aider à le secourir à lever estat de imprimerie à Alençon ». Comme Simon Dubois, de Contrières ou des Constrières eut recours à des emprunts pour s'établir.

Le 23 septembre 1564, Maistre Joachim de Contrières naguères demeurant à Caen[7] reconnaissait encore devant les tabellions d'Alençon que : « Par le moyen de Maistre Jehan Dumesnil escuier[8], Thomas Cormier,

---

[1] Lucas Caiget, curé de Notre-Dame d'Alençon, fils de Leonard Caiget, et de Marie Baillif, se fit protestant vers 1563. Il était encore vivant en 1571 (Tabell. d'Alençon).

[2] Noël Bahuet, fils de Louis épousa (contrat 16 janvier 1563), Catherine Barbier. Sa sœur, Françoise Bahuet, épousa à Alençon « contrat du 15 mai 1567, Marin Lesage, ministre de la parole de Dieu à Saint-Denis, fils de Thomas Lesaige et de Perrine Bigot de la paroisse de Condé-sur-Sarthe. En présence de Gilles de Guette, ministre de la parole de Dieu, de Gilles Dumesnil, escuier, de Henri Rabelain, Louis Lepeintre et Nicolas Caiget » (Tabell. d'Alençon).

Marin Lesage, ministre de la parole de Dieu à Saint-Denis, avait esté curé de Cuissé (Orne).

[3] Nicolas Le Vasseur, fils de Christofle Le Vasseur et de Louise Pilon, épousa (contrat 10 janvier 1532), Jacquine Liger (Tabell. d'Alençon).

[4] Collas ou Nicolas Caiget, était frère de maistre Lucas Caiget, déjà cité ; il épousa par contrat du 24 octobre 1544, Marie Cormier.

[5] Le surnom de sieur de Bois Gérard ou Girard, était porté en 1551, par maistre Abraham Thorel, licencié es loix, marié à Julienne de Barentin (Tabell. d'Alençon).

[6] Jacques Badouère, marchand, bourgeois d'Alençon en 1552, s'engageoit « avec Guillaume Gerveseaulx, Pierre Juglet et Jehan Graindorge tous échevins, à prêter douze cents livres à Nobles hommes Maistres Jehan de Frotté sieur de Couterne secrétaire du roy, Charles de Sainte-Marthe docteur es droits et honeste homme Guillaume Laudier, sieur de la Fontaine. Ce prest, fait pour deux ans, devoit estre employé par le dit de Sainte-Marthe à ung estat de magistrat au siège présidial d'Alençon ; en cas de ceffault d'avoir le dit estat les dits de Frotté de Sainte-Marthe, et Laudier ont promys rendre la dicte somme aux échevins quand il leur plaira et accordent, que s'il n'y avait deffaut de la part du dit de Sainte-Marthe et qu'il montre y avoir esté à temps et trouvé le nombre de magistras fournis ; les échevins rabattrront les frais en raison du noble voïage. » (Tabell. 10 septembre 1552).

[7] Ce n'est plus Paris qui nous envoie ses artistes mais une de nos grandes villes de Normandie. Le nom de Contrière n'était pas connu.

[8] Jean Dumesnil, escuier, sieur du Pey, fils de Léonord Dumesnil, est cité dans un acte du 15 août 1555, comme cousin de Lucas Caiget,

Pierre Perdriel ; Jehan Lesaige l'aisné[1] ; Guillaume Quillet [2] ; Lucas Caiget ; Innocent Le Renvoizé[3] ; Jacques Lesaige[4] Nicolas Bouvier[5] ; Guillaume Prodhomme[6] ; Richard de Marcilly[7] ; Guillaume Le Rouillé[8] ; Nicolas Le Vasseur ; Nicolas Caiget ; Noël Bahuet Jehan de Saint-Elyer[9] ; et Pierre Dibon[10] ; Jacques Legendre lui a baillé la somme de deux cents cinquante livres pour vingt-cinq livres de rente ; par l'assurance que les dessus dits luy ont donnée, tous sous leurs seings, de pleger le dit de Contrière ; sans laquelle assurance le dit Legendre n'eust baillé la dite somme.

« De Contrière promit alors que pour la dite assurance aulcuns d'eulx n'auraient perte ni dommage mais les indemnisera tellement qu'ils n'en tomberaient en aulcun intérest ; et davantage, le dit de Contrière promet racquitter la dite rente dedans troys ans prochainement venant à compter du dit jour. En oultre pour assurance d'icelle promesse tant de l'indemnité que admortissement a promys par forme de gaige leur bailler et mectre aux mains dedans ung mois d'aujourd'hui ung nombre suffisant de libvres *Intitulées l'Harmonye*, ou autres ayant cours, jusques à la valeur du dit principal, qui en pourront échoir pendant les dits troys ans. Ce qui a esté accepté par les dits Caiget, Cormier, Lesaige, Bouvier, etc... Es présence de Pierre Racinette et de Pierre Dutertre. »

Cautionné par la plupart des protestants, Joachim de Contrières pour la garantie des sommes empruntées, leur avait remis trois cents ouvrages

[1] Jean Lesaige, l'aisné, secrétaire des Roy et Royne de Navarre, duc et duchesse d'Alençon, marié à Barbe Le Vilain, vers 1531, fit construire un Jeu de Paulme en 1531 (Tabell. d'Alençon).

[2] Guillaume Quillet, licencié en médecine, étoit fils de Guillaume Quillet et de Marie Le Robardel.

[3] Innocent Le Renvoizé, avocat, fils de Maistre Nicolas Le Renvoizé et de Guillemyne Pichonnet.

[4] Jacques Lesaige, fils de Guillaume, épousa, (contrat 3 novembre 1540) Leonarde de Juvency. (Tabell. d'Alençon).

[5] Nicolas Bouvier était Receveur en la vicomté d'Alençon.

[6] Guillaume Prodhomme était potier à Alençon avant 1538 (Tabell. d'Alençon).

[7] Richard de Marcilly, escuïer, fils de Jehan et Noelle Bonvoust fut fiancé dans la maison de Maistre Michel Farcy, Enquesteur, le 11 octobre 1549 à Anne Farcy, fille de Guillaume et de Marie Caiget. Le contrat rédigé en présence de Maistre Lucas Caiget curé de Vire, de Michel Farcy conseiller du Roy et de la Royne de Navarre. (Tabell. d'Alençon).

[8] Guillaume Le Rouillé, licencié es loix, sieur de La Rouauldière, fils de Guillaume sieur de la Gravelle et de Catherine Regnart, épousa (contrat 10 may 1557) Françoise Desbois. Son père lui donna a son contrat « sa librarie de droit ne se réservant la jouissance que d'une portion. »

[9] Jehan de Saint-Elyer épousa Magdelaine Le Vasseur, fille de Nicolas et de Catherine Liger. (Tabell. d'Alençon, 17 octobre 1563.

[10] Pierre Dibon avait épousé Marie Taulnay.

de *L'Armonye sur les Evangiles et actes des apostres*. Ces ouvrages furent
livrés à Jacques Legendre [1] qui se substitua ainsi aux véritables créan-
ciers ; l'acte est ainsi conçu : « Le 11 Mars 1565 ; Comme le 25 Février 1563
devant les tabellions d'Alençon, Maistre Guillaume Bidard en son vivant Ministre de l'église Reformée d'Alençon, Maistre Pierre Perdriel, Lucas Caiget, Nicolas Bouvier, Collas Vasseur, Noël Bahuet et Collas Caiget se fussent
pour Maistre Joachim de Contrières, Imprimeur, obligez envers la demoiselle du Bois Gérard en dix livres de rente pour cent livres tournois et en
quinze livres de rente pour cent cinquante livres, envers la veufve et enfants Jacques Badouère, et depuis la création d'ycelles rentes le dit Bi-
dard serait décédé et advenu que les dits Perdriel | Bouvier | Vasseur

[1] Jacques Legendre, diacre en l'église Reformée, fit un testament, le 8 septembre 1563, ainsi conçu : « Maistre Jacques Legendre bourgeois d'Alençon,
recommande son âme à Dieu le suppliant de la prendre en sa garde et des
biens qu'il à pleu à Dieu luy donner en a disposé comme il suit : c'est assca-
voir qu'il donne aulmone, la somme de cent livres a prendre sur ses biens,
meubles et bêtes acheptel qui seront par ses exécuteurs testamentaires mises
aux mains des anciens de l'église Reformée d'Alençon pour être par eux
donnés et distribués aux pauvres du dit lieu comme à gens vieulx, invalides,
honteux, veuves, orphelins et filles orphelines pour les aider à apprendre
mestier et à les marier, le tout à la discrétion des anciens et y appelleront
les diacres et eschevins de la ville pour s'enquerir par les quartiers du dit
lieu des dites pauvres gens.

« Item a donné et donne par héritage à la dite église Reformée pour bailler
aux ministres d'icelle pour les aider à avoir des libvres, la somme de cinquante sols tournois de rente à prendre sur les hoirs de Jean Glatigny au
terme du 13 février laquelle rente sera reçue par le recepveur d'icelle église
ou autre deputé pour la bailler aux ministres ; et s'il n'y avait ministres, ou
que les heritiers du testateur ne voulussent permettre les dits cinquante sols
de rente estre baillez a iceulx ministres d'icelle ville pour estre livrez et baillez aux principal et régents du dit lieu pour l'augmentation du collège qui
sera érigé au dit lieu d'Alençon.

« Item, six sols de rente à la Maison Dieu a prendre sur une maison et
jardin près des fossez de l'Encrel.

« Item à sa sœur veuve de Jean Beaudoin vingt-cinq livres à prendre sur
ses meubles et 50 sols de rente.

« Item à ses troys nièpces filles de Maistre Jean Legendre, son frère, qui
sont : Marie femme de Leonard Boullay, Claudine et Catherine a chacune
dix livres ; a ses deux nièpces mariées filles de deffunt Jean Legendre son
neveu a chacune vingt livres pour aider à les marier ; à Collas et Jean Beaudoin ses neveux, chacun cent sols ; à Mathurin et Marguerite Legendre ses
enfants chacun 20 livres et 6 draps ; à Jean Hinoust et Marie sa femme,
10 livres tournois pour la nourriture de Marguerite sa femme. Le testateur
déclare debvoir à Jehan Prod'homme son compère sieur des Patis, cent sols
de reste de marchandises, Jean de Saint-Denis sieur de Lancissière et Jehan
Prod'homme sont ses executeurs testamentaires ». (Tabel d'Alençon.)

| Collas Caiget | Bahuet | maistre Thomas Cormier | Innocent Le Renvoisé | Jehan Lesaige | Jehan Prodhomme | et Guillaume Quillet eussent sous leurs seings promys decharger les tuteurs de l'enfant du dit defunct Bidard et les autres y obligés de la constitution des dites rentes; reconnurent que les dits deniers mys aux mains du dit de Contrières pour le secourir à lever estat d'Imprimerie en ceste ville d'Alençon ; lequel de Contrières saisi des deniers aurait promys admortir les dites rentes dedans deux ans et en decharger le dit Bidard et aultres avec luy obligez.

« Depuis cela serait advenu que le 24 septembre 1564 devant les tabellions d'Alençon yceluy de Contrières aurait vendu et se serait obligé envers Maistre Jacques Legendre d'Alençon[1] en la somme de vingt-cinq livres d'autre rente pour une somme de deux cents cinquante francs quy luy ont esté payez et baillez par le dit Legendre dont le dit de Contrières aurait été plegé par les dits Perdriel....., etc. (voir précédemment tous les noms), avec promesse faicte par le dit de Contrière qu'il racquitterait et admortirait les dites vingt-cinq livres de rente envers le dit Legendre dedans troys ans et pour l'assurance de ces admortissements de rente eust mis aux mains des dits plèges le nombre de troys cents libvres nommés l'*Harmonye sur les Evangiles et actes des Apostres*. Scavoir faisons : que devant nous furent presents le dit de Contrières se submettant en cette juridiction et de tous autres, a present demeurant en cette ville d'Alençon d'une part : et le dit Jacques Legendre bourgeois d'Alençon d'autre part, et maistre Innocent le Renvoizé... tous bourgeois d'Alençon d'une autre part font accord par lequel le dit Legendre a dès à present quitté et déchargé par ces presentes décharge les dits Cormier | Bouvier | ..., etc., de la constitution des vingt-cinq livres de rente de la demoiselle de Bois Gérard et les enfants Badouère..... et ce faict pour mectre aux mains du dit Legendre les dites troys cents Harmonyes a eulx baillez pour l'assurance suffisante par le dit de Contrière, pour d'ycelles Harmonyes le dit Legendre en disposer et faire une vente ainsi qu'il advisera bon estre..... Es présence de Maistre *Robert Le Crosnier Imprimeur* et de Jehan Le Conte d'Alençon. » (Tabell. d'Alençon).

Un autre acte du 22 Mars 1565 nous montre Robert Le Crosnier, cité précédemment comme imprimeur, associé avec Contrières; cet acte rappelle les précédents pour les emprunts d'argent qui ont été faits ; « Pour faire plaisir au dit de Contrières et pour le secourir à lever Imprimerie en cette ville d'Alençon. Jacques Legendre fait accord ce jour avec de Contrières pour vendre ensembles les troys *cents Harmonyes* ; le prix qui en sortira sera reçu par le dit Legendre pour en convertir les deniers à

---

[1] Un Jacques Legendre était prêtre à Alençon sous Lucas Caiget, curé de Vire et d'Alençon. Il ne serait pas étonnant que ce fût celui que nous citons; il dut se faire protestant vers 1560 ou 1563 ainsi que plusieurs autres ecclésiastiques qui ne suivirent en cela que l'exemple donné par Lucas Caiget, leur curé.

l'amortissement des rentes et tous deux se sont promys l'un l'autre faire achapt de papier pour relever l'imprimerie et le faire a communs frais et profitz. Pour l'assurance de tout cet accord le dit de Contrières mectra es mains du dit Legendre telle part et portion a moitié que le dit de Contrières a en l'imprimerie estant en cette ville : tant en fontes, presses, cases, et aultres ustensils appartenant à l'estat d'imprimeur suivant l'inventaire signé du dit de Contrières, et dont l'autre moitié appartien: à Maistre Robert Crosnier Imprimeur au dit Alençon. »

Jacques Legendre paraît être surtout dans cette association un bailleur de fonds ; peut-être même s'était-il établi libraire à Alençon, car dans son testament du 8 septembre 1568 il déclare : « laisser à jamais à l'Eglise de Dieu qu'on appelle Reformée, quarante sols de rente pour subvenir aux Ministres d'ycelles, et à sa femme, Marie Lecourt, la maison habitée par eux acquise de Christofle Le Vasseur... »

Voici la rédaction de la fin de son testament qui seule nous interesse : « Je laisse à mon frère Maistre Jehan Legendre toute ma librairie que j'ai en ma possession soyent : Harmonyes, Bibles, Nouveaux Testaments, Psalmes, Decades, libvres de grammaire, Alphabetz, Traitez des scandales, de la Peste et tous aultres libvres et avecques ce laisse à mon dit frère, Maistre Jehan Legendre, tous les caractères, lettres de fonte de l'imprimerie comme cases, presses, que aultres ustensils servant à l'imprimerie jouxte le récépisé que j'en porte signé de Maistre Joachim de Contrières et Robert Crosnier imprimeurs, le tout à la charge de payer deux cents cinquante livres..... » (Tabel. d'Al.).

Ce testament annulait celui qu'il avait fait le 8 septembre 1563 et dans lequel était stipulé qu'il donnait cinquante sols de rente aux Ministres de l'église Réformée et que s'il n'y avait point de Ministres, la rente devait être faite aux Regents du « Collège qui devait estre érigé en cette ville d'Alençon. »

La fondation du Collège, d'après ce qui précède, paraît coïncider avec l'établissement de Maistre Joachim de Contrières et Robert Crosnier Imprimeurs associés avec Jacques Legendre.

Maistre Joachim de Contrières, bourgeois d'Alençon, signait encore dans un acte du 13 octobre 1573.

La liste des ouvrages imprimés par Robert Crosnier et Joachim de Contrières reste entièrement à faire ; nous n'avons quant à présent rien découvert à cet égard. Nous désirons, par la suite, compléter cette étude sur les imprimeurs d'Alençon ; il nous suffit pour l'instant d'avoir pu faire connaître deux noms d'imprimeurs ignorés, et surtout d'avoir, à l'aide de documents irréfutables, relaté dans quelles conditions les deux premières imprimeries Alençonnaises ont été établies et mis hors de doute le rôle de Simon Dubois.

APPENDICE

Liste des quarante Alençonnais poursuivis en 1534 et détails concernant leurs familles

1-2. — *Jehan Coumyn et Laignel dit Potier*. « Pour estre entrez de nuyt de propos délibéré et par effraction de verrières la vigile de la feste Dieu 1533, en lesglise et chapelle Saint-Blaize, située hors la Porte de Sées et en icelle chapelle avoir prins et emportez les ymaiges de la glorieuse Vierge Marie et de Saint-Claude, icelles ignominieusement pendues à deux gouttières de la dicte ville d'Alençon, contre l'honneur et révérence de Dieu.., Les conseillers juges commissaires du roy les condamnent à avoir devant la chappelle Saint-Blaize le poing dextre couppé, cloué et attaché à deulx pousteaulx qui pour ce faire y seront mis et dressez. Ce faict iceulx prisonniers menez es lieux et rues où ils pendirent les dites ymaiges esquelz lieux seront dressez deux potences esquelz les dits prisonniers seront penduz et estranglés par le temps et espace de troys heures. Ce faict leurs têtes estre coupées et chacune d'elles mises au bout du fer de lance et portéez aux deux principalles portes de la ville d'Alençon ; et leurs corps portés et penduz aux fourches patibulaires d'icelle ville, leurs biens confisquez à qui appartiendra. Prononcé et exécuté le 15 septembre 1534 ».
— La famille Commyn ou Coumyn était établie à Alençon, dès 1450. Le premier du nom à cette date était, Perrin Coumyn (Tabell. d'Alençon).

3. — *Jehan Ruel*, natif de Courteilles [1]. « Pour raison de plusieurs grans et excécrables blasphèmes par luy dictz et proférez contre le Saint Sacrement de l'autel, l'honneur de la Vierge Marie... est condamné à faire amende honorable devant la principalle porte de Lesglise Nostre-Dame d'Alençon et illec à genoux tenant une torche de cire ardent du poix de deux livres, requérir pardon à Dieu, à la Vierge, aux Saints, au Roy, et à la justice des dits blasphèmes et diceulx se dédire et repentir ; estre mené aux *Marchis* hors la Porte de Sées et illec au lieu le plus commode... sera planté ung pouteau à l'entour duquel sera faict ung grant feu, et après avoir esté estranglé, estre ars bruslé et son corps converti en cendres et ses biens confisquez a qui le droit. » Jehan Ruel était avocat, et avait épousé Roberde de Bernay qui fut elle-même poursuivie. Sa mort est du 9 septembre 1534.

4. — *Nicolas Briolay*, subit le même supplice que celui de Jean Ruel,

[1] La famille Ruel de Courteilles donne dans les diverses branches d'industrie exercées à Alençon ou ses environs, des chefs actifs et entreprenants. Nous en voyons la preuve dans les forges, faïencerie, toile, point d'Alençon,

mais ce fut au lieu *des Poulies* que son corps fut brûlé. Nicolas Briolay, bourgeois d'Alençon, fils de Jean Briolay et de Mariette X sa femme, vendait, le 24 décembre 1529, dix-neuf sols de rente à Nicolas de Boyville (Tabell. d'Al.).

5. — *Jehan Lebrun*, détenu aux prisons de Sées et transféré à Alençon, subit le même supplice que le précédent ; son corps fut brûlé le 16 septembre, sur le chemin de Sées.

6. *Jehan Chastellays*, de Courteilles, fut condamné pour avoir parlé indiscrètement du Saint Sacrement de l'autel... et s'estre trouvé es assemblée des gens suspects de la *secte reprouvée et non autorisée de prêches*... a faire amende honorable devant lesglise Nostre-Dame d'Alençon ayant la corde au col les pieds et la tête nuds, à genoux en chemise portant en ses mains une torche de cire ardent du poix de deux livres ensuite demander pardon à Dieu... puis estre battu fustigé par les carrefours de la ville d'Alençon et au lieu de Courteilles ». (Com. de l'arr. d'Alençon).

7-8. — *Bertault Prevel*. — *Michel Petit*, natif de Courteilles « furent condamnés à faire amende honorable et de plus assister à la mort de Jehan Lebrun ». Michel Petit devait de plus être fustigé à Cerisé (Com. de l'arrond. d'Alençon).

9. *Pol Mabon*, grenetier, fils de Guillaume Mabon et de Jeanne de Saint-Denis, était en fuite : n'a pas été statué sur son cas.

10-11. — *Pol Graindorge*, prêtre, et *Jehan Chassevent*, « Chappelin de l'hostel Dieu, » furent renvoyés après avoir fait les soumissions accoutumées à l'Évesque de Séez. Jehan Chassevent fils de Jean Chassevent et de Laurence X, eut pour sœur Jeanneton Chassevent, boulengère au four a ban de la rue du Bercail, et femme de Jean Mercier qui est issu Michel Mercier, chirurgien, sieur de La Perrière, dont la femme en imitant le Point de Venise, inventa le Point d'Alençon (voir notre *Histoire du Point d'Alençon*).

12-13. — *Guillaume Rolland*, curé de Condé, successeur d'Étienne Le Court et frère *Germain*, cordelier, étaient en fuite. Il fut promis vingt écus à qui les trouverait.

14. — *Geoffroy Crochard*, fils de Jehan Crochard, et dont la famille habitait Alençon dès 1463, n'a eu aucune condamnation. Le document cité par M. Paul Guérin n'est sans doute pas complet en ce qui concerne les punitions.

15-16-17. — *René Dufour*, religieux Augustin. — *Isaac Legoulx* dit Tardif. — *Noël de Meaulx* — tous en fuite, devaient être brûlés vifs.

18. — *Jehan Lepeltier*, avocat, licencié es loix, marié à Renée X, devait être banni du royaume. Nous le retrouvons à Alençon en 1544 ; il fut sans doute gracié.

19-20. — *Jehan Boullemer*, marchand de fil, en fuite, devait être brûlé vif *Jacques Hourdebourg*, cordonnier, banni du royaume. Il était fils de Robert Hourdebourg et de Michelle Fillion et avait épousé Louise Tulieuvre (Tabell. d'Alençon).

21-22-23. — *François Chapelain.* — La femme de *Vincent Chapelain.* — *Georgine* femme d'*Isaac Legoulx* renvoyés dans leurs maisons.

24-25-26. — *Robert Huron.* — *Jehan Hesnault.* — *Françoise Larcher,* dite Gueville, élargis des prisons.

27. — *Julien de Bernay,* sergent à Radon, en fuite ; devait être brûlé vif. Celte sentence n'eut probablement pas de suite car nous retrouvons Julien de Bernay, beau-frère de ce malheureux Jehan Ruel, de nouveau à Alençon en 1545 le 25 novembre, vendant avec Marie de Bernay cent sols de rente à Pierre Duval (Tabell. d'Alençon).

28. — *Marie* femme de *Nicolas Dupont,* fils de Philippot Dupont et de Simonne Coffin. Encore vivant en 1556.

29. — *Marie de Bernay,* femme de Jehan Ruel ; on ne trouve point qu'il ait été statué sur son cas. Elle eut procès ainsi que ses filles et Julien de Bernay tuteur de ses enfants soubs age avec François Drouyn, pour des gouttières à mettre entre leurs maisons situées sur la grande rue près le Pont du Guichet (Tabell. d'Alençon 2 avril 1545).

30. — La femme de *Macé Petit,* fut envoyée dans sa maison. Dans un acte du 15 janvier 1541 la femme de Macé Petit se nommait Mathurine Clouet.

31-32. — *Marguerite Edme* fut bannie du royaume. — *Michon* femme de *Jehan Juliotte,* mise hors des prisons. La femme de Jean Juliotte était Michelle Gruel fille de Pierre Gruel, bourgeois d'Alençon et de Rauline Roulland.

33-34. — *Simon Bahuet,* en fuite ; « adjourne a troys briefz jours.... ». Il était marchand mercier dès 1508, et avait épousé Nicolle X. Son fils *Bertrand Bahuet,* également en fuite, était marchand de draps de soie ; ce fut lui qui fournit la « sarge noire » pour la représentation des Mystères à Alençon en 1520 [1]. Il épousa par contrat du 6 novembre 1519, Jacquette Le Hayer, fille de Laurent Le Hayer et de Ysabeau Debray. (Tabel. d'Al.).

35. — *Jehan Duval,* avocat et praticien, fut élargi des prisons. Il était fils de Jehan Duval, barbier, et de Marie Chéron, et épousa Claire Pichonnet ; encore vivant en 1551 (Tabel. d'Al.).

36. — *Jehanne d'Avoise,* fut retenue prisonnière, mais il n'y eut pas de jugement prononcé contre elle dans le document que nous citons. Elle était veuve de Cleriadus de Saint-Morre escuier. La famille noble d'Avoize se trouve désignée dans les registres des notaires d'Alençon dès 1455. Le neveu de Jehanne d'Avoize, Jehan d'Avoize sieur de Grand-Champ, épousa en 1526 Marguerite de la Motte Fouquet.

37. — *De La Fosse,* domestique de Jehanne d'Avoize, poursuivie comme elle, était en fuite. Nous retrouvons un René De La Fosse « paticier de Madame la Princesse de Navarre » marié à Simone Erard ; est-ce le même ?

38. — *Pierre Caroli* : son cas devait être soumis au roi « pour en estre

---

[1] Voir, pour cette description, notre brochure intitulée : *Le Théâtre et les Comédiens à Alençon au* xvie *et* xviie *siècles* (1892).

par luy ordonné ce qu'il luy plaira. » Pierre Caroli docteur en théologie curé de Notre-Dame d'Alençon avait succédé à Jehan Baillet. Mathurin Quillet avait la charge de la cure Notre-Dame, par acte passé le 11 mai 1526, entre « Messire Jehan Baillet, prestre, chapelain ordinaire de Madame la « Regente de France, » curé de Notre-Dame d'Alençon. Le bail en était fait pour deux ans. Jacques Couppé, prêtre, eut la charge de Saint-Léonard. Pour faire le service divin; ils eurent « les fruitz, revenuz avec les gages des deux chapelains de Notre-Dame et Toussaint » (ou Saint-Léonard). Jacques Couppé se désista de son bail pour Saint-Léonard, le 5 juillet 1530 et Maître Pierre Caroli, docteur en théologie, curé d'Alençon, bailla à Gille Sereze et Jehan Le Richomme, toutes les charges en quoi il était tenu à l'égard de l'église ou chapelle de Saint-Léonard ainsi que nous l'avons indiqué dans une note précédente. (Tabell. d'Alençon.)

39. — *Jehan Juliotte* était en fuite. C'était un des sculpteurs distingués d'Alençon au XVI siècle[1]. Il avait épousé, Michelle Gruel. Il fut « adjourné à troys briefs jours sous peine de panissement » fut-il « appréhendé » et amené prisonnier? le document reste muet sur ce point.

40. — *Guillaume Lyon*, n'a point été statué sur son sort. Il était serrurier; son œuvre de maîtrise, faite le 4 février 1520, était une « serrure de coffre à quatre pertuys double gachette... aux coings de la dite serrure quatre avigelotz fermant a viz sur le morillon ung imaige et ung pot du lys, un chapistreau sous les dites imaiges et des filets à l'entour de la dite ferrure... » (Tabell. d'Alençon).

[1] Voir notre *Notice sur les menuisiers-imagiers ou sculpteurs des XVI et XVII siècles à Alençon* (1892).

Traictez singu-

liers contenus ou present opuscule.

¶ Les trois comptes intitulez de Cupido et de Atropos/ dõt le premier fut inuẽte par Seraphin poete Italien.

¶ Le second et tiers de linuention de maistre Jehan le maire ꝗ a este ceste oeuure fondee/ affin de retirer les gens de folles amours.

¶ Les epitaphes de Hector ꝗ Achilles auec le iugemẽt de Alexãdre le grand composees par George chastelain/ dit lauanturier.

Le tẽple de Mars faict ꝗ cõpose p̃ J. molinet.

¶ Plusieurs chantz royaulx/ Balades, Rondeaulx et Epistres composees par feu dẽ bõne memoire maistre Guillaume cretin naguerts chantre de la saincte chapelle du palais.

¶ Lapparition du feu mareschal de Chabãnes faicte ꝗ composee par ledict Cretin.

¶ Il se vent a Paris en la grant salle du Palais en la boutique de Galiot du pre

¶ Auec priuilege.

an 1525.

Pl. I.

¶ Le premier cõpte inuente par Seraphin.

Signrs oyez vng biẽ nouueau ppos
De Cupido le dieu des amourettes
Et de la mort quon appelle Atropos.

¶ Amours vollant par voyes indisertes
Vint rencontrer la mort qui aussi volle
Mais il trouua ses costes trop durettes.

A ij

¶ Notables enſei=
gnemens/adages ([et] prouerbes) faitz ([et] com/
poſez par Pierre gringoire dit Vaudeſ
mont/Herault darmes de hault [et]
puiſſant ſeigneur monſieur
le duc de Lorraine/nouu
uellemēt imprié
mez
a Paris.

Auec priuilege du
roy noſtre ſire.

¶ On les vend en la grans ſalle du pa/
lays au premier pillier/en la boutique de Gal
liot du pre marchant libraire iure de luniuerſite.

Pl. III.

Fin
des no
tables/ ens
seignemens/
et adages/ faitz
et côposez p̃ Piet̃
re grigoire dit Gaul-
demont/ nouuellement
imprimez a Paris p̃ mai-
stre Simon du Bops/ imprimeur
de-
mourant
audit lieu/ & fu
rent acheuez dim-
pumer le premier iour
du moys de Feburier/ lan
de grace mil cinq cens Gingt & sept.

FIN IS.

B.ii.

¶ Imprime a Paris par maistre Simon du
bois pour Galliot du pre libraire de luniuersi
te dudict lieu : lan mil cinq cens vingtsept / le
vingtcinqiesme iour Dapuril.

Pl. V.

Ad matutinam Versus.

Domine labia mea aperies. Ro
Et os meu annunciabit lau-
dem tuam: b Deus in adiutorium meu
intende. Ro Domine ad adiuuandu me
festina. Gloria patri/et filio/ et spiritui

f iiii

Pl. VII.

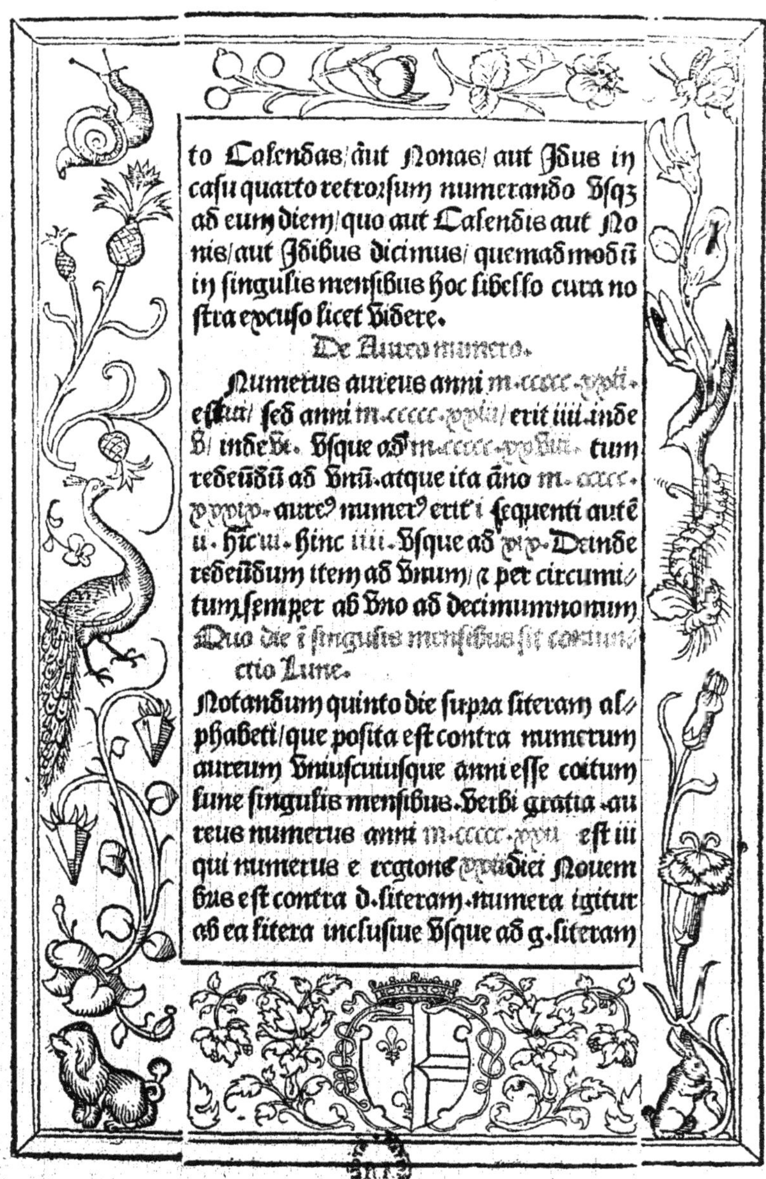

to Calendas/ aut Nonae/ aut Idus in
casu quarto retrorsum numerando Vsqz
ad eum diem/ quo aut Calendis aut No
nis/ aut Idibus dicimus/ quemadmodū
in singulis mensibus hoc libello cura no
stra excuso licet Videre.

De Aureo numero.

Numerus aureus anni m·cccc·xpti·
est iiii/ sed anni m·cccc·xpiiii/ erit iiii·inde
v/ inde vi. Vsque ad m·cccc·xpviiii· tum
redeundū ad Vnū·atque ita āno m·cccc·
xpxix· aureus numerus erit i sequenti autē
ii· hic iii· hinc iiii·Vsque ad xix·Deinde
redeundum item ad Vnum/ et per circui
tum semper ab vno ad decimumnonum
Quo die i singulis mensibus sit coniunc
ctio Lune.

Notandum quinto die supra literam al
phabeti/ que posita est contra numerum
aureum Vniuscuiusque anni esse coitum
lune singulis mensibus.Verbi gratia ·au
reus numerus anni m·cccc·xpii est iiii
qui numerus e regione xpii diei Nouem
bus est contra d·literam·numera igitur
ab ea litera inclusiue Vsque ad g·literam

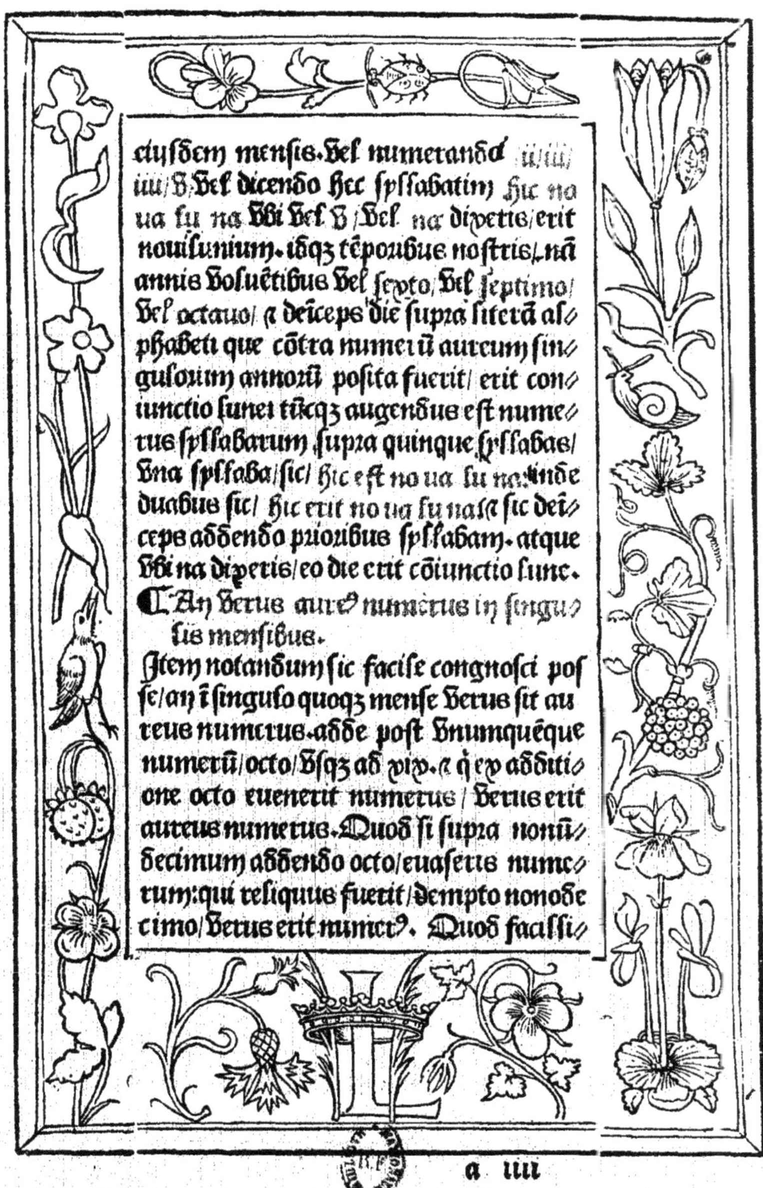

eiuſdem menſis.Uel numerando iiij/iiij/
iiij/ß/Uel dicendo hec ſpſſabatim/ hic na
ua ſu na ubi Uel ß /Uel na dixeris/erit
nouiſunium. idqz téporibus noſtris/nã
annis Uoluétibus Uel ſexto/Uel ſeptimo/
Uel octauo/ τ deiceps die ſupra literã al/
phabeti que cõtra numerũ aurcum ſin/
gulorum annorũ poſita fuerit/ erit con/
iunctio ſunet tũcqz augendus eſt nume/
tus ſpſſabarum ſupra quinque ſpſſabas/
Una ſpſſaba/ſic/ hic eſt no ua ſu na inde
duabus ſic/ hic erit no ua ſu naſt ſic dei/
ceps addendo prioribus ſpſſabam· atque
ubi na dixeris/eo die erit cõiunctio ſune·

℟ An Uerus aureⁿ numerus in ſingu/
 lis menſibus·

Item notandum ſic faciſe congnoſci poſ
ſe/an i ſingulo quoqz menſe Uerus ſit au
reus numerus·adde poſt Unumquéque
numerũ/octo/uſqz ad xix·τ q̇ ex additi/
one octo euenerit numerus / Uerus erit
aureus numerus·Quod ſi ſupra nonũ/
decimum addendo octo/euaſeris nume/
rum:quí reliquus fuerit/dempto nonode
cimo/Uerus erit numer⁹· Quod facíſſi/

Ces presentes heures a lusage de Pa=
ris/ priuilegiees pour dix ans commēceās
a la presente date de leur impression/ furēt
acheuees dimprimer le vingt deuxiesme
iour Doctobre/ Mil cinq cens vingt sept
Par maistre Simon du bois imprimeur
pour maistre Geofroy Tori de bourges/
q̃ les vend a Paris a lēseigne du pot casse.

LA theorique des
cielz / mouuemés /
et termes practiques
des sept planetes /
nouuellement et
tresclerement
redigee en langaige frã-
cois. Auec les figures
tresutiles en leurs lieux
propremét inserees,

℀ Cum priuilegio,

℀ A Paris.
M.D.xxviij.

Im¬
prime a
Paris par
maistre Simon
du Bois imprimeur
demourant audit lieu
en la rue Judas: pour Jehã
Pierre de Tours/mar
chant demourant a
Paris/ au clois
stre sainct
Benoist
Lan
de
grace
milcinq
cens vingt
huyt/le dernier
iour du mois Daoust.

CVM PRIVILEGIO

Pl. XIII.

¶ Loraison que nostre seigñr ie=
suchrist a faict pour nous apprendre la
maniere de prier dieu. Ainsi quil est
cõtenu en sainct Luc vi.chapitre
sainct mathieu ou vi.

Pater noster qui es in celis.
Nostre pere qui es es cieulx
Sanctificetur nomen tuum
Sanctifie soit ton nom.
Adueniat regnum tuum.
Ton regne aduienne.
Fiat voluntas tua / sicut in celo et i terra
La volunte soit faicte / en la terre com=
me ou ciel.
Panem nostrum quotidianum da nobis
hodie.
Nostre pain quotidian dõne nous au iours
dhuy.
Et dimitte nobis debita nostra / sicut et
nos dimittimus debitoribus nostris.
Et nous delaisse noz debtes / comme no9
delaissons a noz debteurs.
Et ne nos inducas in tentationem
Et ne nous induitz point en tentation.
Sed libera nos a malo.
Mais deliure nous du maling. Amen.
L iiij

Quatre instructions fideles,pour les sim-
ples/ & les rudes.

¶La premiere.
L'homme fidele/ visitant.
¶La seconde.
L'homme fidele/ catechisant.
¶La tierce.
L'homme fidele/introduisant
a l'euangile.
¶La quarte.
L'homme fidele psalmodiant

Jehan iii.
¶Cellup que Dieu a enuoie/il
parle les paroffes de Dieu:
car Dieu ne luy done point
esprit par mesure.

Pl. XV.

¶ Le fidele pfalmodiant enfeignãt
les fimples a ce faire.

Durtant/ mes freres/q
nous voions ce temps
encores grandement cõ
traire au regne ð Chrift
prions Dieu quil affifte a fes fide-
les.et difons le pfeaulme .p.

Eigneur Dieu/ pourquoy
ten es tu alle loing? Nous
mefprifes tu en temps opoxtun?en
tribulation?

Quant cellup qui eft fans piete fe
enorgueillift/le paoure eft embrafe:
ilz font prins es cõfeilz qilz penfent.

Car le pecheur eft loue es defirs ð
fon ame:a linique eft beneift.

Le pecheur a moult prouoque le
feigneur Dieu: felon la multitude
de

Côsolation chre=
stienne / contre les
afflictions de ce
môde/ (t scru
pules de
conscience.

CO seigneur Dieu/faiz que
ton nom soit magnifie
en tous lieux/eter=
nellement.

PL. XVII.

¶La grace et paix de Jesus
Christ/ soit et demeure tou-
iours auec Bous. Amen.

Esperit de dieu par-
lant par la bouche du
saige Salomon/nous
tesmoigne Que humaine iope
est bordee de dueil. et en Berite
tousiours tristesse et desplaisan
ce sot si bie ioictes et retraictes
auec plaisir q liesse/ que a gras
peine seroit possible de designer
la fin de lung/ou commecemet
de laustre:tant sont ces si mal
fades lisieres de dueil/ Bniemet
et propremet tyssues auec ce be-
au drap de iope. Et que ne dis
ie apertemet ce que ie sens en ce
propos? Sans doubte/ iope et
dueil ne sont ioinctz ne consuez
                  A   lung

Le miroir de lame pecherresse.
ouquel elle recongnoist ses
faultes et pechez. aussi
ses graces ꝗ benefi-
ces a elle faictz ꝑ
Iesuchrist
son
espoux.

La Marguerite tresnoble ꝗ precieu-
se/sest preposee a ceulx qui de
bon cueur sa cerchoient.

A Alencon/chez mai-
stre Simon du Bois.
M.D.XXXI.

Dialogue en forme de Vision
nocturne/entre tresnoble ¶ ex-
cellente pricesse ma dame
Marguerite d France/
soeur Vnique du
Roy nostre sire/
ꝑ sa grace
de dieu
Royne de
Nauarre / duchesse
Dalencon ¶ Berry / Et
Lame saincte de defuncte ma
dame Charlote de France/fille aysnee
dudit sieur/ ¶ niepce de ladite dame Royne.

¶ Le miroir de lame pecherresse: auquel elle
recognoist ses faultes ¶ pechez. aussy
les graces ¶ benefices a elle faictz
ꝑ Jesus Christ son espoux.

¶ Discord estãt en lhõme par la cõ-
trariete d Lesperit ¶ d la Chair:
¶ sa paix ꝑ Vie spirituelle.

¶ Vne oraison a nostre seignr Jesus Christ.

¶ A Alencon / chez maistre Simon du Bois,
Mil cinq cens trente ¶ trois.

9 782019 938062